Mein lila Liederbuch - neue Kinderlieder

Musik, Texte und Bilder von Eva-Maria Bauer

mein lila Liederbuch

neue Kinderlieder von Eva-Maria Bauer

Impressum

ISBN-10: 3-8334-6128-4 ISBN-13: 978-3-8334-6128-6
© alle Rechte bei Eva-Maria Bauer 2006,
Lifemusik, Kunigundenstr.41, 80805 München
Liedertexte: Eva-Maria Bauer
Melodien und Liedsatz für Klavier: Eva-Maria Bauer
Bilder einschließlich Titelbild: Eva-Maria Bauer
Gitarrensatz: Gabriela Mitschka
Layout und Umschlaggestaltung: Stefan Thonesen
Herstellung und Verlag: Books on Demand GmbH, Norderstedt

Inhalt

Mein Li-la-Liederbuch lädt dich zum Singen ein,
weil Singen einfach Freude macht allein oder zu zwein.
Drum sing mit mir so laut du kannst la-li-la-li-la-la!
Dann ist an jedem trüben Tag sofort die Sonne da!

Ein jeder Vogel singt ganz laut aus voller Brust.
Ob früh, ob spät, er pfeift sich was, mit Freude und mit Lust.
Drum sing mit mir so laut du kannst li-la-li-la-li-la!
Dann ist auch an `nem trüben Tag sofort die Sonne da!

Mein lila Liederbuch

Mein Li-la Liederbuch lädt dich zum Singen ein, weil Singen einfach Freude macht allein oder zu zwein. Drum sing mit mir so laut du kannst la-li-la-li-la-la! Dann ist an jedem trü-ben Tag so-fort die Sonne da!

Meine Oma hat noch immer kein´ Computer
und sie surft auch nach wie vor nicht Internet.
Und trotzdem ist Oma cool auch ganz ohne Swimmingpool
und liest jede Nacht `nen Krimi in ihr´m Bett!

Meine Oma fährt ein cooles rotes Auto
und das hat sie mindestens schon fünfzig Jahr´.
Mit dem fährt sie Berge ruff und der Motor, der macht puff
und die Oma findet´s wunderbar!

Meine Oma hat ein kunterbuntes Schlagzeug,
auf dem spielt sie nachts und morgens in der Früh.
Und da wackelt dann ihr Haus und die Katze, die rennt raus,
so tankt Oma wieder neue Energie.

PUFF

Meine Oma backt die allerbesten Kuchen
und da tut sie für mich auch noch Pudding rein!
Und den mampfen nur wir zwei und das Radio spielt dabei
und die Oma gehört mir dann ganz allein!

Meine Oma

Mei-ne O - ma hat noch immer kein' Com-

pu - ter und sie surft auch nach wie

vor nicht Inter · net. Und trotzdem ist Oma

cool, auch ganz ohne Swimmingpool und liest

je-de Nacht 'nen Krimi in ihrm Bett!

In der Früh

In der Früh, in der Früh, will ich was erleben,
doch Mama und Papa liegen noch im Bett.

Hab ich Glück, hab ich Glück, treff ich meine Katze,
doch auch die will ins Bett, denn die Maus war fett.

Geh ich aus, bau mein Haus droben in den Bäumen.
Singt der Fink, kreischt der Spatz und ich pfeif euch was!

Langschläfer-Lied

Ich will am Abend nicht ins Bett und morgens länger schlafen,
denn wenn mich früh der Wecker weckt, träum ich die schönsten Sachen.

Im Traum schwimm ich durchs weite Meer, im Traum da kann ich fliegen.
Wink euch von einer Wolke her und keiner kann mich kriegen!

Und wenn ich dann zur Schule muss, dann radle ich alleine
und setze meine Mütze auf, denn die ist voller Träume.

Die Regentrude

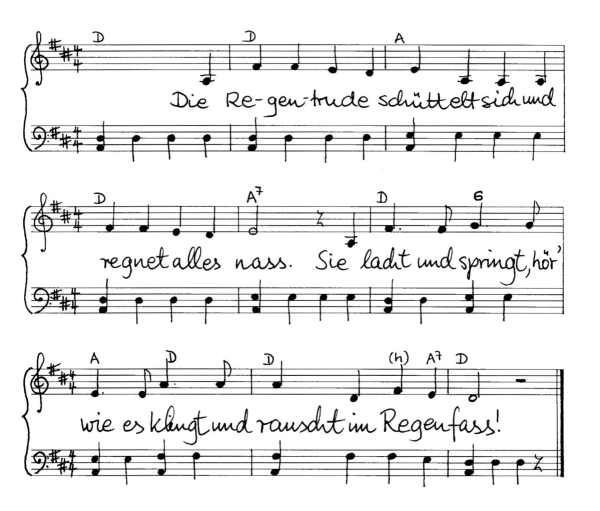

Die Regentrude schüttelt sich und regnet alles nass.
Sie lacht und springt – hör wie es klingt und rauscht im Regenfass!

Die Trude tanzt und ruft dir zu: komm raus aus deinem Haus!
Die Pfütze pfitscht, die Wiese glitscht – die Sonne lacht uns aus!

Die Regentrude singt und wringt ihr langes feuchtes Haar.
Die Wiese schluckt's, im Rinnstein gluckt's – jetzt ist der Frühling da!

Ich liebe dich!

Ich liebe dich und du liebst mich, drum sind wir beide froh!
Die Maus die lacht im Stroh, la-li-la-lo!

Ich tanz mit dir, ich spring mit dir, wir geben keine Ruh!
Die Katze guckt uns zu, la-li-la-lu!

Ich lach mit dir und wein mit dir und schau dich gerne an!
Und morgens kräht der Hahn, da-di-da-dam!

Der Zauberstein

In meine Hand, in meine Hand, da paßt ein kleiner Stein, den ich dort vorn' am Wegrand fand, ich steck' ihn mir gleich ein!

In meine Hand, in meine Hand, da passt ein kleiner Stein,
den ich dort vorn am Wegrand fand, ich steck ihn mir gleich ein!
Chor als Verstärkung:
In deine Hand, in deine Hand, da passt ein kleiner Stein,
den du dort vorn am Wegrand fandst, du steckst ihn dir gleich ein.

Er ist ganz rund und ist ganz glatt, wie Seide fast so fein!
Und weil er auch noch Punkte hat, ist er mein Zauberstein.
Chor:
Er ist ganz rund, er ist ganz glatt, wie Seide fast so fein!
Und weil er auch noch Punkte hat, ist er dein Zauberstein.

Er schläft heut´ Nacht in meiner Näh´, verstecke ihn im Bett.
Dann träume ich von einer Fee, die ist zu mir sehr nett.
Chor:
Er schläft heut´ Nacht in deiner Näh´, versteckst ihn in deinem Bett,
dann träumest du von einer Fee, die ist zu dir sehr nett.

Und wenn ich in die Schule muss, mein Stein, der geht mit mir.
Verjagt mir Sorgen und Verdruss, wenn ich ihn nicht verlier´.
Chor:
Und wenn du in die Schule musst, dein Stein, der geht mit dir.
Verjagt dir Sorgen und Verdruss, wenn du ihn nicht verlierst.

Auch auf der dunklen Kellertrepp´, da halt ich ihn ganz fest,
damit mich auch im dunklen Eck der Mut nicht ganz verlässt.
Chor:
Auch auf der dunklen Kellertrepp´, da hältst du ihn ganz fest,
damit dich auch im dunklen Eck der Mut nicht ganz verlässt.

Mein kleiner, runder Zauberstein, ich pass schön auf dich auf,
damit ich auch im dicksten Schnee mich niemals mehr verlauf!
Chor:
Dein kleiner, runder Zauberstein, pass ja schön auf ihn auf,
damit du auch im dicksten Schnee dich niemals mehr verlaufst!

Ich dreh dich dreimal hin und her und reibe dich ganz warm.
Dein Zauber wirkt dann umso mehr, ich spür´ s im ganzen Arm!
Chor:
Du drehst ihn dreimal hin und her und reibst ihn ganz schön warm.
Der Zauber wirkt dann umso mehr, du spürst´ s im ganzen Arm!

Wenn ich mal traurig bin, weiß das der Wind.
Der bringt ein Wolkenschiff, das fährt geschwind.
Da pack´ ich Kummer und Sorgen hinein,
damit am Abend die Sonn´ wieder scheint.

Wenn ich mal weinen muss, weiß das der Wind.
Er kennt die Tränen von jedem Kind.
Hebt alle auf und sammelt sie ein,
dann ist am Morgen die Luft wieder rein.

Wenn ich mal traurig bin

Wenn ich mal traurig bin, weiß das der Wind.

Er bringt ein Wol-kenschiff, das fährt ge-schwind.

Da pack' ich Kummer und Sorgen hinein,

damit am A-bend die Sonn' wieder scheint.

Wir tanzen und springen und singen ein Lied
und finden es wunderbar, dass es dich gibt!
Tra-la-la-la-la. la-la-la-la-la,
und finden es wunderbar, dass es dich gibt!

Zum Geburtstag

Wir tanzen und springen und singen ein
la-la-la-la-la-la-la-la-la
Lied und finden es wunderbar,
la! Und finden es wunderbar,
dass es Dich gibt! Tra-
dass es Dich gibt!

Zu deinem Geburtstag viel Segen und Glück,
Gesundheit und Liebe – und werd´ nicht zu dick!
Tra-la-la-la-la. la-la-la-la-la,
Gesundheit und Liebe – und werd´ nicht zu dick!

Wir tanzen und springen im Kreise herum
und lachen und singen mit dir dideldum!
Tra-la-la-la-la. la-la-la-la-la,
und lachen und singen mit dir dideldum!

Die Blume und der Schmetterling

Der Schmetterling, der Schmetterling, der fliegt zu einer Blume hin
und sagt: Pardon, gnä´ Frau, wie leuchten Sie so blau!

Die Blume blickt ihn freundlich an, weil er so lustig fliegen kann
und sagt zum Schmetterling: Komm setz dich ruhig hin.

Was bist du für ein hübscher Wicht, so bunte Flügel hab ich nicht,
doch hab ich einen Duft, den schick ich in die Luft.

Der Schmetterling ist ganz betört, als er der Blume Worte hört,
`s ist ihm im Herzen bang, doch wartet er nicht lang.

Er setzt mit zarten Füßen sich der Blume flugs in ihr Gesicht
und flüstert leis´ ihr zu: Du schöne Blume du!

Mir ist so heiss

Mir ist so heiß, mir ist so heiß, so stöhnt ganz
laut der kleine Bär, mein dickes Fell, mein dickes
Fell, das mag ich heute gar nicht mehr! Ich zieh' mich
aus, ich zieh' mich aus und laufe nackig hin und

her und bleib' im Haus und bleib' im Haus und fress' die

Speise-kammer leer!

Mir ist so heiß, mir ist so heiß, so stöhnt ganz laut der kleine Bär,
mein dickes Fell, mein dickes Fell, das mag ich heute gar nicht mehr!
Ich zieh mich aus, ich zieh mich aus und laufe nackig hin und her
und bleib im Haus und bleib im Haus und fress die Speisekammer leer!

Mir ist so heiß, mir ist so heiß, die schwarze Katze jammert hier
und keine Maus und keine Maus und keine Maus geht vor die Tür!
Ich roll mich ein, ich roll mich ein und halt mich ruhig bis heut Nacht
und wenn mir auch und wenn mir auch mein leerer Magen knurrt und kracht.

Mir ist so heiß, mir ist so heiß, ein kleiner Vogel hockt herum,
find´t keinen Wurm, find´t keinen Wurm und seine Kehle bleibt ganz stumm.
Er sitzt ganz still, er sitzt ganz still, weil er noch nicht mal singen mag.
Was ist das nur, was ist das nur heut für ein schrecklich heißer Tag!

Der kleine Fisch, der kleine Fisch, ja der hat die Probleme nisch.
Er planscht und taucht, er planscht und taucht im kühlen Wasser, wie er `s braucht.
Und weil die Katz und weil die Maus auch bei der Hitz´ nicht schwimmen mag,
ist `s für den Fisch, ist `s für den Fisch nur eine Lust und keine Plag!

Der Flori ist mein kleiner Hund

Der Flori ist mein kleiner Hund und er hat große Ohren Mit

denen hört er, was er will und manchmal hört er mich. Er

kriecht so gerne ins Gebüsch, wo's riecht nach Katz u. Maus und

wenn's dann grad am Schönsten ist, schreit immer wer "komm

raus!" Der Flori denkt sich, ich bleib cool und meine großen

Ohren, die brauch' ich für die Mäusejagd, krieg' sonst das Mistvieh nicht!

Der Flori ist mein kleiner Hund und er hat große Ohren.
Mit ihnen hört er, was er will und manchmal hört er mich.
Er kriecht so gerne ins Gebüsch, wo `s riecht nach Katz und Maus.
Und wenn `s dann grad am Schönsten ist, ruft immer wer: Komm raus!
Der Flori denkt sich: Ich bleib cool und meine großen Ohren,
die brauch ich für die Mäusejagd, krieg sonst das Mistvieh nicht.

Am Abend ist der Flori müd´, streckt von sich alle Viere.
Doch seine großen Ohren hören immer noch auf mich.
Erzähle ihm von meinem Tag und wo es Ärger gab.
Er seufzt dann schwer und fühlt mit mir und zeigt, dass er mich mag.
Mein Herz wird leicht und nachts im Traum die Ohren werden Flügel.
So düsen wir durch Zeit und Raum, bis uns die Sonne weckt.

Die Maus ist krank

Die kleine Maus ist krank, sie mag heut keinen Speck.
Du hörst sie nicht, du siehst sie nicht, noch nicht mal Mausedreck.

Weil ihr der Schädel brummt, sitzt sie im Mauseloch.
Dort hat sie `s warm, dort hat sie `s gut, es fehlt ihr nur ein Koch.

So träumt sie von Besuch, von einem warmen Brei.
Da kommt auch schon Frau Rimtiti, die Nachbarin herbei.

Sie kocht der kleinen Maus aus Milch und Ei und Gries
mit Zimt und Zucker einen Brei, ganz heiß und zuckersüß.

Den schlecken sie zu zweit, und weil es so gut schmeckt,
hat jede von den Mäusefrauen zwei Teller leer geleckt.

Mein Kopf, Frau Rimtiti, tut gar nicht mehr so weh!
Und morgen bin ich ganz gesund, das spür ich schon im Zeh!

Auuh, auuh! So jault der Hund am Abend,
auuh, auuh, wenn seine Frau ausgeht.
Auuh, auuh heult er ganz lauthals klagend,
auuh, auuh, wenn seine Frau ausgeht.

Warum, warum lässt sie mich denn alleine?
Warum, warum geht sie jetzt wieder weg?
Auuh, auuh und will nicht, dass ich weine.
Warum, warum geht sie jetzt wieder weg?

Auuh, auuh! Will klagen, jaulen, singen,
auuh, auuh und geh nicht in mein Bett!
Auuh, auuh, braucht mir nichts mitzubringen!
Auuh, auuh, ich finde das nicht nett!

Einsamer Hund

A uuh! A-uuh! So jault der Hund am A-bend. A-uuh! A-uuh! Wenn seine Frau aus-geht. A-uuh! A-uuh! Heult er ganz laut und klagend. A-uuh! A-uuh! Wenn seine Frau aus-geht.

Nein! Nein! Nein!

Wenn ich nicht will, dann will ich nicht und das darf auch mal sein!
Dann mach´ ich meine Türe zu und sage einfach: Nein! Nein! Nein!

Auch wenn Du zu mir freundlich bist und groß bist und ich klein,
wenn ich nicht will, dann will ich nicht und sage dreimal: Nein! Nein! Nein!

Wenn ich nicht will, dann sag´ ich nein, sag´: Nein! Nein! Nein!
Auch wenn Du groß bist und ich klein, ich sage trotzdem. Nein! Nein! Nein!

Herbstlied

Bunte Blätter flie-gen, fliegen mit dem Wind. Kas-
ta-nien, Nüsse, Äpfel fin-det jedes Kind. Am
Mor-gen macht der Ne-bel den Himmel trüb und grau, am

Mittag scheint die Sonne, der Himmel ist ganz blau! Der
Herbst, der Herbst ist wie- der da mit
seinen bunten Far-ben die schönste Zeit im Jahr!

Im Karneval

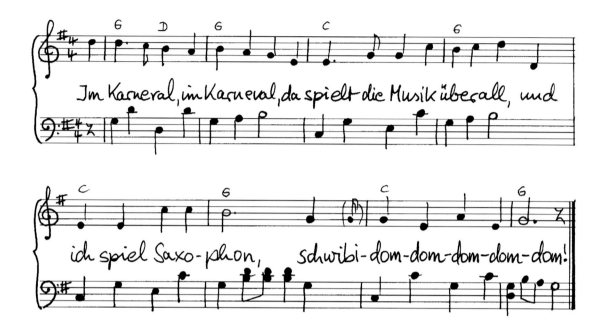

Im Karneval, im Karneval, da spielt die Musik überall
und ich spiel´ Saxofon, schwibi-dom-dom-dom-dom-dom!

Heut´ Abend wird `ne Party sein, zu der lad´ ich euch alle ein!
Und wo, und wo, und wo? – Im Zoo, im Zoo, im Zoo!

Die Bärin spielt das Tamburin und Vater Bär kratzt Violin´,
der Sohn Bär spielt den Bass, das Mädel haut aufs Fass.

Das Krokodil, das Krokodil, das schnappt sich einen Besenstiel
und schlägt dazu den Takt. Frau Walross tanzt ganz nackt.

Drei Affen trommeln mit nem Topf. Frau Nashorn wackelt mit dem Kopf
und tanzt mit leichtem Schritt, ja da kommt keiner mit.

Das Känguru, das Känguru, das hüpft herum mit einem Gnu
und flüstert sehr galant: „Wie sind Madame charmant!"

Die Musik, die macht alle heiß, der Eisbär schwitzt schon auf dem Eis.
Das Zebra spielt Klavier, der Wärter trinkt ein Bier.

Frau Löwe auf dem Cello streicht, dass es ein jedes Herz erweicht.
Die Wölfin singt dazu, das rührt sogar das Gnu.

Der Löwe schmachtet alle an, wie´s eben nur ein Löwe kann;
sitzt cool am Xylophon und neben ihm sein Sohn.

Komm her, pack die Gitarre aus und spiel mit uns, du kriegst Applaus!
Ob Flöte oder Bass, auch du kannst irgendwas!

Am Abend

Am A-bend geh'n die Zie- gen in
ih-ren warmen Stall. Da
hab'n sie's warm zu lie- - gen, weil's
Heu gibt ü-ber-all!

bitte umblättern!

Am Abend

Am Abend geh´n die Ziegen in ihren warmen Stall.
Da hab´n sie `s warm zu liegen, weil's Heu gibt überall.

Am Abend fliegt der Vogel zurück zu seinem Nest
und kaum sitzt er da droben, dann schläft er auch schon fest.

Nur nebenan die Katze, die will jetzt noch mal raus,
sie schleicht mit leiser Tatze und fängt sich eine Maus.

Und wer liegt hinterm Ofen? Das ist der kleine Hund.
Der ist soviel geloofen, so bleibt er fit und g´sund.

Sogar die Schleimi-Schnecke kriecht wieder in ihr Haus,
versteckt in einer Ecke – kommt morgen wieder raus.

Auch du, du hast **ein Bettchen, da steigst du jetzt hinein**
und mit dir Bär **und Püppchen, dann bist du nicht allein!**

Ich wünsche mir,
dass jedes Kind ermutigt wird, zu
singen – laut oder leise, schön oder
schräg!

Ich wünsche mir,
dass viel mehr Mütter und Väter,
Großmütter und Großväter, FreundInnen
und Tanten mit Kindern singen – auch
die, die glauben, sie könnten es nicht!

Ich wünsche mir,
dass Kleine und Große sich freuen:
an den Melodien, an den Bildern
und an den Geschichten! eu B

Wie mein lila Liederbuch entstanden ist

Als Kind habe ich gerne Melodien erfunden und habe diese Möglichkeit,
mich mitzuteilen, viele, viele Jahre vergessen. Schließlich waren sie wieder da,
die Melodien, die Rhythmen, es war ganz einfach. Meistens tauchten erst die Texte auf -
und schon hörte ich sie. Ich stellte fest: es kommt nur darauf an, sich zu konzentrieren.
Als die Lieder fertig waren, holte ich meinen alten Schulmalkasten aus dem Keller und
malte Bilder dazu. Ich dachte natürlich, ich könnte das nicht. Das erzähle ich, weil Ihr
vielleicht denkt, Ihr könntet keine Lieder machen. Probiert es doch!
Ich habe viele Jahre meine Noten am Computer mit einem Musikprogramm geschrieben,
auch das ist eine Möglichkeit. Oder Ihr singt in ein Mikrophon und nehmt Eure Lieder
auf. Ihr müsst nur herausfinden, was Euch am meisten Spaß macht.
Wenn Ihr so richtig glücklich seid beim Werkeln, dann stimmt die Sache, dann solltet Ihr
weitermachen.

Ich bedanke mich an dieser Stelle bei allen Freundinnen, die mich ermutigt haben,
weiterzumachen und mein Liederbuch in dieser Form zu veröffentlichen.
Ich danke Gabriela, die mir den Gitarrensatz und die Grifftabellen für die Gitarre schrieb.
Ich danke Stefan, der mir von Anfang an seine Unterstützung bei dem Buchprojekt
zusicherte und auch diesmal das Layout zauberte.
Ich danke allen Kindern und Frauen, die sich für die CD engagierten und mit Lust und
Liebe mit mir zusammen die Lieder gesungen haben: Lara, Lorenz und Viktoria,
Gabriela, Maria, Renate, Ursula, Barbara und Monika.
Ich danke Karl, der mir die Musikaufnahmen für die CD digitalisierte.
Ich danke Diemut und Stefan, die mir halfen, das Layout der CD zu gestalten.
Ich danke einer stillen Gönnerin, sie schenkte mir die Grundkosten für den Druck.

Griffe für die Gitarren-Begleitung

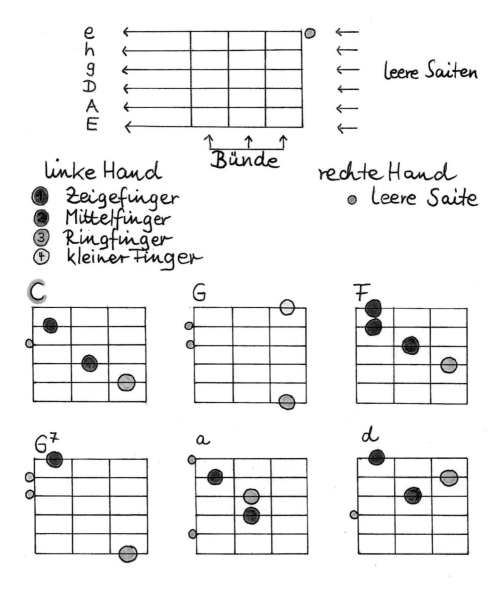

leere Saiten

Bünde

linke Hand
① Zeigefinger
② Mittelfinger
③ Ringfinger
④ kleiner Finger

rechte Hand
○ leere Saite

C   G   F

G⁷   a   d

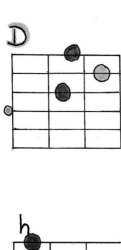

D

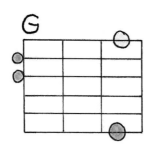

G

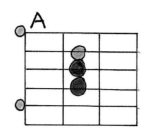

A

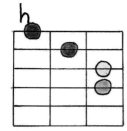

h

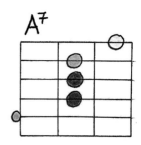

A^7

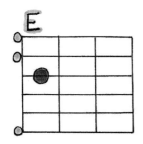

E

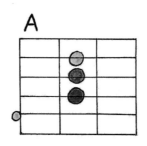

A

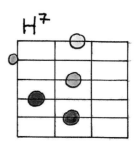

H^7

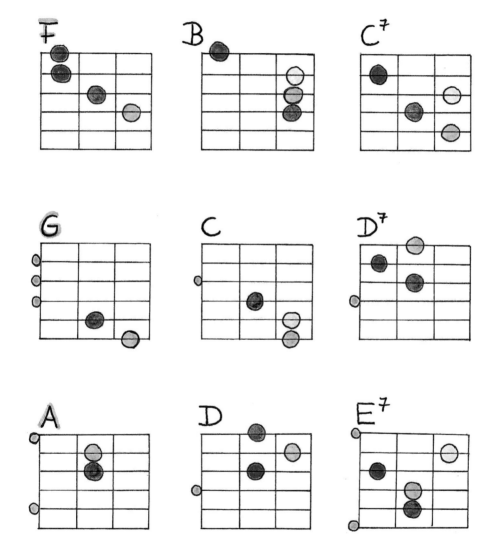

Für Alle, die sich eine CD zum Mitsingen und zum Lernen der Lieder wünschen:

Meine lila Lieder-CD
Neue Kinderlieder von Eva-Maria Bauer
Es singen und spielen:
Viktoria Isabel Gleitsmann (7 Jahre), Lara Hollmann (8 Jahre), Lorenz Prügl (7 Jahre)
und Eva-Maria Bauer, Gabriela Mitschka, Maria Flaig, Ursula Lutz, Renate Stauch
© alle Rechte bei Eva-Maria Bauer, Life-Musik München 2006

Mit dem Stichwort „Lila-Lieder-CD" gegen Rückporto bestellen bei
Lifemusik Eva Bauer, Kunigundenstr.41, 80805 München
oder unter www.lifemusik.de herunterladen!

Weitere Bücher der Autorin:

Musik ist eine Zauberin
Frauen Musik Therapie
München 2002
ISBN 3-9808395-0-8

Mit Herz und Hund
Eine Frau lernt mit ihrem Podenco
München 2006
ISBN 3-8334-4393-6